NOTICE BIOGRAPHIQUE

SUR

ALEXIS SINGIER

NOTICE BIOGRAPHIQUE

SUR

ALEXIS SINGIER

ANCIEN DIRECTEUR DES THÉATRES DE LYON

VICE-PRÉSIDENT

DE L'ASSOCIATION DES ARTISTES DRAMATIQUES

PAR A.-T. ALBERT

PARIS

IMPRIMERIE D'E. DUVERGER

RUE DE VERNEUIL, Nº 4

1848

Après la perte si regrettable que l'association des artistes dramatiques venait de faire dans la personne de M. Alexis Singier, son vice-président, le comité arrêta qu'il serait publié une notice biographique sur cet homme dont la mémoire doit rester comme un modèle respectable.

J'eus l'honneur d'être choisi pour exécuter ce travail, et voulant me renfermer dans l'exactitude la plus scrupuleuse, je m'adressai à la famille de M. Singier afin d'obtenir les renseignements les plus précis. — J'appris alors que, se rendant aux sollicitations de ses enfants, M. Singier s'était décidé à tracer lui-même un aperçu de sa vie; mais la mort vint le frapper au moment où il ébauchait son œuvre. Les lignes suivantes, que j'ai voulu reproduire, laissent le regret qu'il n'ait pu continuer.

A MES ENFANTS

« Après plusieurs années d'hésitation, je cède enfin
« à vos instances.

« Je vais vous transmettre les événements dont ma
« vie fut entourée ; puissent les dangers que j'ai quel-
« quefois courus vous servir d'utile leçon ; puisse la
« modeste fortune que j'ai seul réalisée assurer votre
« bien-être.... Puissiez-vous enfin, dans le cours d'une
« longue et heureuse vie, être toujours animés des
« mêmes principes de probité et d'honneur qui diri-
« gèrent toutes les actions de mon active et labo-
« rieuse existence! »

Ne retrouve-t-on pas dans ces quelques mots toute
la loyauté, toute la bonhomie dont la vie de Singier
fut empreinte?

ALEXIS SINGIER

Nous voulons faire connaître quelques particularités de la vie d'un homme qui pendant sa longue carrière n'a pas cessé un instant de donner d'honorables exemples d'intelligence, de travail, de conduite et de probité, et qui est mort en pouvant se dire avec une légitime satisfaction : « J'ai été aimé, estimé, et je ne me suis pas connu un seul ennemi... » Et pourtant cet homme a traversé des époques bien difficiles ; il a eu souvent à lutter contre des événements qui devaient le dominer ; il a passé, sans y rien perdre de sa force et de son attitude, à travers des passions qui entravaient sa marche ; il a recueilli la fortune et la considération là où d'autres n'auraient trouvé que des désastres et d'incessantes hostilités ; enfin, et pour le peindre d'un trait, il a été impunément, pendant plus de quarante années, directeur de divers théâtres : destinée si orageuse et tellement semée d'écueils ! pouvoir si fécond en révolutions contraires, du haut duquel nul ne peut se vanter de gouverner sans peur, pas plus qu'il n'oserait prétendre à abdiquer sans crainte.

En remontant à la première enfance d'Alexis Singier et en le suivant jusqu'à sa 74ᵉ année, vous remarquez en lui un instinct artistique, un amour du travail, une douceur et une fermeté de caractère, une loyauté dans la pensée et dans l'action, que l'âge développe et agrandit à mesure, et que nulle circonstance ne saurait trouver en défaut. C'était une bonne et heureuse organisation qui s'était produite au sein des vertus et parmi les affections d'une honnête famille, et qui suivit sa route sans que rien pût prévaloir contre des principes devenus, pour ainsi dire, une habitude de nature, une sorte de tempérament.

Alexis Singier naquit en 1775 à Morteau, département du Doubs. Son père mourut, qu'il avait à peine cinq ou six ans, et son frère aîné prit soin de son éducation. On lui fit apprendre l'horlogerie, et, pour s'y perfectionner, il fut envoyé à Salins. Là, il consacrait ses petites épargnes et ses heures de loisir à étudier la musique, vers laquelle il se sentait un penchant déterminé ; il y fit de si rapides progrès qu'en sept à huit mois, et à peine âgé de dix ans, il était devenu organiste suppléant à une église de Salins ; cet emploi-là, il l'occupa à Morteau où on l'avait rappelé. Il grandissait dans son pays natal, se livrant toujours à la musique et à l'horlogerie ; c'é-taient là ses deux inclinations, mais il avait en outre une pas-sion bien prononcée qui lui valut maintes aventures, qu'il racontait depuis avec une charmante originalité : cette passion, c'était l'amour des cloches, mais un amour qui le faisait périlleusement grimper à l'extrémité du clocher pour se rap-procher de l'objet de sa tendresse ; si bien que plus d'une fois il se plaça dans une situation à effrayer ses compatriotes, et il fallut que le bon curé de Morteau prît en souriant des mesures sévères pour mettre un terme à ses entreprises aé-riennes.

Un de ses oncles, qui était attaché à la maison du roi, l'emmena à Paris, et sa position pouvait y devenir brillante lorsqu'il fut atteint par la première réquisition. Parti comme sergent, il devint bientôt officier, et, après seize mois de ser-vice, il obtint un congé par les soins de Méhul et de Joseph Chénier. Revenu à Paris, il forma un établissement d'horlo-gerie, mais sans abandonner la musique ; si bien que les ar-tistes les plus distingués le comptaient au nombre des ama-teurs les plus dignes de leurs encouragements. C'est à cette époque que se rapporte une aventure toute empreinte de couleur dramatique et dans laquelle il fit preuve d'une cou-rageuse résolution et d'une grande présence d'esprit. Le peuple s'était jeté sur les Tuileries, dans cette journée du 10 août qui vit crouler la monarchie. Garde national et mêlé aux flots des vainqueurs qui faisaient irruption, Singier entre avec la foule dans une pièce du château déjà envahie, déjà livrée au désordre et à la destruction ; il voit des bras levés, des bras qui ne se levaient jamais en vain, et, déjà poussé vers une fenêtre, un magnifique clavecin qu'on allait précipiter. Près de cet instrument, un homme suppliait et ses supplications demeuraient inutiles. Ce clavecin, c'était celui de la reine, et cet homme en était l'accordeur. Singier s'élance et écarte la foule surprise de son attitude décidée. « Citoyens, s'écrie-t-il, attendez !.... » Et sur le clavecin menacé il joue la *Marseillaise* dont le peuple enthousiasmé chante les paroles.... Le clavecin est sauvé et la foule se rue ailleurs, tandis que l'accordeur verse des larmes d'attendrissement. Bien des années après, cet accordeur, qui s'était fait soldat et était devenu chef de bataillon, vivait retiré aux Invalides. C'est là que Singier le retrouva par hasard, mais non pas seul : il avait conservé le clavecin de la reine, racheté par lui à une vente de meubles ; tous deux s'embrassèrent avec émotion près de cet instrument sauvé par une inspiration généreuse dans un moment où rien n'était sauvé de ce qui tenait à la royauté.

Ce ne fut pas, au reste, dans la période révolutionnaire, la seule occasion où Singier fit preuve de résolution et de fermeté. Délégué par les habitants des faubourgs Saint-Antoine et Saint-Marceau, il se présenta, le 2 prairial an III, à la barre de la Convention et prit la parole au nom des pétitionnaires. Comme, en même temps qu'il protestait de son dévouement à la constitution, il réclamait l'élargissement des patriotes arrêtés depuis le 9 thermidor, son discours souleva une violente tempête, et les tribunes firent entendre de terribles menaces, de menaçantes invectives. Singier ne se déconcerta pas un instant, renouvela avec énergie ses réclamations, et finit en s'écriant : « Je ne crains rien, moi ! Et si vous voulez mieux me connaître, je m'appelle Singier. »

Mais voici qu'à travers les mouvements tumultueux de l'époque, Singier se laissa prendre à une vocation nouvelle, qui devait désormais être le soin et le but de toute sa vie. Le goût du théâtre, qu'il trouva tout naturel de faire marcher de front avec le goût de la musique, et cet attrait de la scène qui a produit tant de passions malheureuses, vinrent assaillir impérieusement son imagination et décider son avenir. Après avoir préludé par quelques compositions musicales pour des théâtres d'un ordre inférieur, il forma une société d'amateurs, qu'il fit jouer sur les théâtres de l'Estrapade et de la rue Saint-Jean-de-Beauvais. Ce devait être quelque chose dans le genre de Doyen, de Thierry ou de Chantereine, ces mères Gigogne de l'art dramatique qui ont mis au monde tant de rejetons, ou plutôt ces Saturnes qui ont dévoré un si grand nombre d'enfants. Quelque temps après, Singier, qui avait cédé à un acquéreur son établissement d'horlogerie, se consacra exclusivement au théâtre, et à la suite de tentatives heureuses sur des scènes plus élevées que celles qu'il avait d'abord exploitées, il partit pour l'Italie, l'Italie, cette terre classique des beaux-arts qu'il avait toujours rêvée et dont il parcourut les principales villes, promenant avec lui le cortége de Thalie et de Melpomène ; qu'on nous pardonne cette expression renouvelée du temps où Singier s'abandonnait à ses pérégrinations artistiques.

Revenu en France, il dirigea successivement les théâtres de Toulouse, de Marseille, de Nice, de Béziers et de Narbonne. A la création des priviléges, il obtint celui du sixième arrondissement, et bientôt presque toutes les villes du Midi furent confiées à sa direction. Troupes sédentaires, troupes ambulantes, un monde entier de rois, de reines, de pères nobles, de coquettes et d'ingénues s'agitaient et vivaient sous son sceptre paternel ; il avait fait de Perpignan le siége de cet empire, sous le fardeau duquel tout autre aurait succombé, et qu'il gouvernait de telle façon que jamais on n'entendit un de ses sujets désirer un changement de dynastie : singularité remarquable, car les comédiens sont volontiers révolutionnaires, et c'est parmi eux qu'on peut voir souvent en action cette fable de La Fontaine où le pouvoir passe du soliveau au tyran, du tyran au soliveau.

Les papiers que Singier a laissés à sa famille, sa nombreuse correspondance, montrent à quel degré il s'était acquis l'estime et l'affection des habitants des différentes villes où l'appelaient ses entreprises théâtrales. Les autorités mêmes renonçaient vis-à-vis de lui à cette raideur inspirée par le régime impérial, outrée, comme toute parodie, sous la restauration, et, il faut le dire pour être juste, totalement effacée de nos jours. Il menait donc cette vie de travail, de mouvement, de soins continuels, trouvant le succès presque partout et n'abandonnant pas une ville, parce que cette ville lui ferait perdre une partie de ce qu'il gagnait ailleurs, lorsque arrivèrent les Cent-Jours et les réactions qui les suivirent, ces réactions terribles dont le Midi et l'histoire ne sauraient perdre le souvenir. Il était alors à Nîmes, le plus ardent foyer des passions politiques déchaînées, le théâtre où se jouait un tout autre drame que les drames enfantés par l'imagination des poëtes. Trestaillon régnait et tuait, applaudi et flatté par le royalisme qui se serait indigné et mis en colère si on lui avait parlé des septembriseurs. Ce n'était guère un temps propice aux plaisirs et aux jeux de la scène ; Singier aurait pu fermer les portes de la salle de spectacle, et il y eût été autorisé par les circonstances et par les pertes inévitables qu'il essuyait. Mais ses comédiens qui étaient ses enfants, que seraient-ils devenus ? Le théâtre resta ouvert, et, par une inspiration qui ne pouvait naître que dans une âme élevée, généreuse, intelligente, il en fit une sorte de terrain neutre, un asile respecté dans cette ville où le proscrit aurait craint ses bourreaux aux pieds mêmes des autels. Les passions grondaient aux alentours, elles n'y entraient pas; les partis y faisaient trève à leurs sanglantes divisions, et plus d'un malheureux voué à la mort s'y réfugiait pour échapper au poignard. N'est-ce pas là avoir porté le sentiment des arts à son plus noble degré de puissance? N'est-ce pas avoir fait de ses fonctions de directeur un véritable sacerdoce? N'est-ce pas avoir bien mérité cette estime, cette affection de tous, qui depuis ne se sont jamais un seul instant démenties?

Nous allons suivre Singier à Lyon où il fut appelé par les habitants et par les autorités pour rendre au théâtre une prospérité depuis longtemps perdue; à Lyon, où il fut au niveau de la confiance qu'on lui avait montrée et des espérances qu'on avait mises en lui comme en un sauveur; à Lyon, où pendant de longues années il continua sa direction avec un succès sans exemple peut-être dans les annales théâtrales. Il fallut reconstruire, car tout était désorganisé; il fallut innover, modifier; et il y avait à lutter contre cet esprit de routine qui prolonge le mal et entrave l'amélioration. Il marcha droit et ferme à son but, déblaya vigoureusement le terrain autour de lui, força la critique à s'avouer vaincue, inspira une confiance générale, se montra dans cette ville de commerce aussi strict, aussi exact en affaires que le plus sévère négociant, déploya toutes ses qualités de tête et de cœur, et il recueillit là ce qu'il avait recueilli ailleurs, une affection réelle, une profonde considération.

Si les passions politiques étaient calmées, en attendant le dénouement de 1830, ce n'en était pas moins une époque où souvent les salles de spectacle devenaient une véritable arène dans laquelle tel acteur ou telle actrice jetaient des brandons de discorde. Ce fut dans une circonstance analogue que Singier sut habilement, à ses risques et périls, mais avec un heureux résultat, éviter une collision qui ne pouvait manquer d'amener des scènes sanglantes. Voici ce qui arriva : une actrice débute ; les habitants de la ville la rejettent, les officiers de la garnison l'applaudissent ; qui avait tort, qui avait raison ? La question n'est pas là. Quoi qu'il en soit, grandes rumeurs, menaces échangées, promesses formelles d'en venir aux mains en présence de la déesse en litige, non pas dans huit jours, non pas demain, mais ce soir pendant la représentation déjà affichée. Les deux camps se tenaient prêts dans cette ville qui, on le sait, a quelque habitude des luttes intestines ; Guelfes et Gibelins se préparaient à combattre, et ni le Montaigu civil ni le Capulet militaire ne prenaient des mesures calmantes ou coercitives, et d'ailleurs inutiles à l'approche de cet orage inévitable. Singier seul, dégagé de passion, soucieux de ce qui allait arriver, regardait venir la tempête et craignait pour cette ville aimée ; comme Neptune, il aurait voulu pouvoir calmer ces flots courroucés ; mais quelle voix humaine aurait pu faire entendre un *quos ego* suffisant ? On se battra, on s'égorgera, il ne peut en douter, et que faire ? Une inspiration subite vient illuminer son esprit ; il appelle l'actrice auprès de lui ; il l'attaque par le cœur, il lui montre Lyon menacé de carnage ; il lui fait voir un sac d'argent, une voiture toute prête ; il parle, il prie, il est éloquent, il entraîne, et l'actrice s'éloigne au galop des chevaux qui l'attendaient.

Hélène est partie ; voilà Pâris et Ménélas désappointés, voilà le spectacle changé ; les officiers qui frappent la terre de leur sabre, et les Lyonnais qui, tout en regrettant peut-être la bataille, se disent qu'en définitive gain de cause leur reste ; voilà l'autorité qui accuse Singier de rébellion, car elle avait ordonné cette représentation escamotée, et qui le condamne à la prison, en s'applaudissant tout bas et à part du stratagème qu'il a imaginé. Mais la captivité ne dura que quelques heures ; bientôt les officiers s'inquiétèrent moins de l'actrice fugitive, et les Lyonnais reconnaissants offrirent au directeur de leur théâtre un cadeau magnifique, souvenir de cet épisode qui aurait pu se terminer comme un noir mélodrame.

N'oublions pas un des traits principaux qui marquèrent la direction de Singier : tout en puisant constamment dans le répertoire de Paris pour alimenter son répertoire personnel, il voulut donner accès aux auteurs lyonnais et fit représenter plusieurs ouvrages du terroir, auxquels il prêta l'appui de son expérience et qu'il monta avec ce soin intelligent qui est une des grandes causes du succès. Cette innovation fut approuvée, accueillie avec reconnaissance, et donna un nouvel élan aux inclinations littéraires.

En 1828, il donna sa démission, au grand regret des habitants de la ville, de ses artistes surtout, qui depuis longtemps s'étaient accoutumés à l'aimer et à croire qu'ils vivraient toujours sous sa paternelle sollicitude. Il abdiqua ; comme Sylla, ressentait-il pour le pouvoir cette fatigue que tout gouvernant éprouve à une certaine heure ? voulait-il le repos, lui que le mouvement avait toujours emporté et qu'il devait ressaisir bientôt ? Y eut-il de nouveaux projets, de nouvelles combinaisons théâtrales venues de l'autorité, comme de gens qui divorceraient parce que la mariée serait trop belle ; des plans d'administration qui lui parurent impraticables ?... Il y eut de tout cela peut-être.

Singier se retira à Charonne, près Paris, et, tout entier à une famille aimée, il ne regrettait pas le pouvoir comme tant de monarques qui auraient voulu revenir sur leur abdication. Mais il ne devait pas rester tranquille sous ses beaux arbres de Charonne ; en 1850, les propriétaires de l'Opéra-Comique sollicitèrent instamment l'aide et l'expérience de ce Tarquin retiré qui ne s'amusa pas à faire un apologue avec des têtes de pavots. Singier se rendit ; il accepta une tâche plus que difficile, une tâche impossible à cause des circonstances, à cause surtout des entraves apportées par ceux qui l'avaient appelé, et qui, en réduisant son influence et son action, paralysèrent sa force et son savoir. Il n'était que le lieutenant de deux associés qui, loin d'avoir entre eux l'entente cordiale, ne s'abordaient au théâtre que pour s'attaquer avec trop d'énergie, ou qui n'y entraient séparément que pour aller détruire chacun à son tour ce que l'un ou l'autre avait pu ordonner. C'était là une situation où ne pouvait rester Singier : il entendait autrement la direction théâtrale, et il ne voulut pas consentir à occuper plus longtemps un poste où on le rendait impuissant pour l'amélioration, pour le bien. Il retourna donc à Charonne, et, en 1834, il fut rappelé, par dépêche télégraphique, à Lyon, rappelé avec prière, comme un homme dont on connaît le mérite et sur lequel on compte pour réparer des fautes et ramener de beaux jours. Cette période de sa direction dura jusqu'en 1852, avec un succès qui dépassa ceux qu'il avait obtenus autrefois, car en moins d'une année il réalisa plus de 100,000 francs de bénéfices.

C'est à cette époque que Singier déposa et pour toujours le sceptre directorial. Il quitta Lyon et vint se fixer définitivement à Paris où il vécut jusqu'à son dernier moment, entouré de sa famille dont il était l'idole et d'amis toujours empressés de venir à lui.

Mais au sein même du repos il fallait que Singier fût attaché par quelques liens au théâtre qu'il avait tant aimé et auquel il avait consacré la majeure partie de son existence. Il lui fallait le contact des hommes de lettres et des artistes, et ce fut avec joie qu'il accepta les fonctions de membre du comité de lecture de l'Odéon. Cette tâche souvent pénible et qui ne laissait pas de lui prendre beaucoup de temps, il la remplit pendant trois années avec ce zèle ardent, cette exquise urbanité, ce sens exact et droit qui le caractérisèrent dans toutes ses relations.

Des idées d'ordre, une sage prévoyance, une de ces inspirations heureuses qui s'emparent du présent pour s'assurer de l'avenir, réunirent enfin les comédiens, et l'association des artistes dramatiques fut fondée par M. le baron Taylor.

Nommé vice-président du comité, poste qu'il occupa pendant sept années consécutives, Singier se voua avec une ardeur toute juvénile au développement et à la prospérité d'une œuvre qui a déjà porté ses fruits et qui ne peut manquer de devenir le palladium des comédiens.

Le travail préparatoire des pensions était spécialement confié à Singier. Il pesait avec une scrupuleuse impartialité les droits des postulants, et les rapports qu'il soumettait au comité resteront dans les archives comme des modèles de bonhomie et d'équité.

Quoiqu'il fut âgé de soixante-quatorze ans, il y avait en lui tant de vivacité, tant de force, tant de verdeur, qu'on pouvait croire à de longues années encore, lorsqu'il fut frappé spontanément par une de ces maladies qui, dès leur début, s'annoncent comme mortelles et ne permettent pas même l'incertitude.

Jusqu'au dernier moment, il garda une fermeté d'âme qui lui faisait oublier ses souffrances pour consoler ceux qu'il aimait, pour leur donner un espoir qu'il n'avait pas lui-même....

Il mourut le 1er octobre 1847.

Accompagné par une foule qui ressentait vivement cette perte si regrettable, le cercueil de Singier fut déposé près de la tombe de Talma : ainsi la mort réunissait deux hommes qu'elle seule avait pu jadis séparer et qui s'étaient donné l'un à l'autre une égale estime, une égale affection.

Au milieu d'un religieux silence et de l'attendrissement gé-néral, M. Samson, vice-président de l'association des artistes dramatiques, prononça l'éloge funèbre de celui qui laissait l'impérissable souvenir d'une longue carrière consacrée à bien faire et à faire le bien !

A.-T. ALBERT.